shots

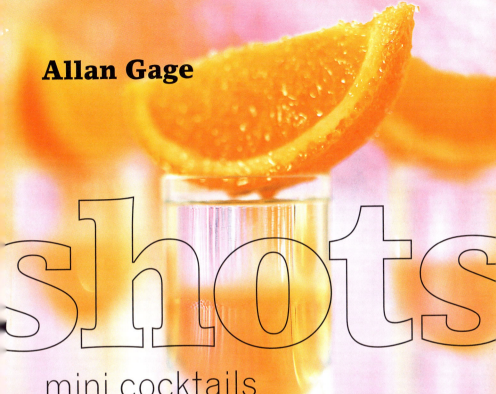

Allan Gage

shots

mini cocktails tentants... et entêtants !

Tana
éditions

Note sur les recettes

1 dose = 2 cl
1 c. à c. = 1 cuillerée de 0,5 cl
Sauf indication contraire,
les recettes sont prévues
pour 1 personne.

Note
Tous les conseils et les informations donnés dans ce livre ont été rigoureusement vérifiés. Toutefois, ni l'auteur ni l'éditeur ne pourront être tenus pour responsables en cas de dommages et préjudices, directs ou indirects, matériels ou immatériels, survenus à la suite de la préparation des recettes du livre.

Publié pour la première fois en Grande-Bretagne en 2005 par Hamlyn, filiale d'Octopus Publishing Group Ltd, 2-4 Heron Quays, London E14 4JP

© Octopus Publishing Group Ltd 2005
© Tana éditions, 2007, pour la version française

Traduction : Anne-Laure Estèves

Tous droits réservés. Toute reproduction ou représentation, intégrale ou partielle, par quelque procédé que ce soit, du présent ouvrage est interdite sans l'accord préalable de l'éditeur.

ISBN 978-2-84567-3731
Dépôt légal : juin 2007
Imprimé et fabriqué en Chine

Sommaire

6 Introduction

10 Shots **frappés**

40 Shots **à étages**

66 Shots **améliorés**

82 Shots **créatifs**

94 Index
96 Crédits

Introduction

Rien ne vaut une tournée de shots pour mettre de l'ambiance dans une fête ! Il suffit souvent d'annoncer une tequila paf pour réchauffer l'atmosphère. Il est vrai que les shots incitent au rapprochement : les verres sont alignés le long du bar ; buveurs et spectateurs se réunissent autour. Alors, les plus courageux lancent le compte à rebours puis vident leur verre à l'unisson. Parmi les boissons alcoolisées, les shots sont à l'évidence, celles qui incitent le plus à nouer le contact.

Varier les saveurs C'est souvent à la tequila que l'on pense lorsqu'on évoque ces petits verres bus d'un trait. D'ailleurs, dans les bars, les pubs et les discothèques du monde entier, il est courant de voir des gens porter leur poing à leurs lèvres pour y lécher du sel. Ensuite, ils frappent le fond du verre sur la table, suce une tranche de citron et avale le liquide d'un trait, ce qui provoque toujours un frisson. Pourtant, il existe de nos jours une très grande quantité de shots, toujours plus originaux, et les connotations liées à ce mode de dégustation sont moins négatives. On ne considère plus désormais que le fait de boire dans un verre à shot signifie uniquement que l'on cherche à se saouler, ni que le contenu doit être infect.

Aujourd'hui, la gamme des shots est très variée et n'oublie aucune combinaison d'alcools et de goûts. On les retrouve ainsi dans la liste de cocktails des bars les plus huppés. Les barmen du monde entier rivalisent pour inventer des boissons toujours nouvelles, et les shots ne font pas exception à la règle. Il est vrai que la taille du verre impose certaines restrictions, notamment sur le nombre d'ingrédients, mais cela constitue en fait un véritable défi, et la gloire est d'autant plus grande lorsqu'une invention est un succès.

Des règles à suivre Il y a une bonne et une mauvaise manière de boire les shots. Au fil du temps, des rituels ont été associés à certaines boissons, unissant les buveurs et établissant des traditions. Par exemple, on porte un toast au champagne pour les grandes occasions. Mais, quelque soit l'alcool avec lequel on trinque, il y a des règles à suivre. Si quelqu'un paie une tournée de shorts, c'est souvent pour une raison particulière ; il faut donc attendre que la personne ait fourni une explication, porté un toast ou donné son feu vert avant de boire. Si le shot l'exige, frappez le fond du verre contre la table ! Cela fait partie d'un rituel, et il serait impoli d'accepter un verre puis de tourner la tête pour siroter sa boisson. Pour certains alcools, il faut boire le verre d'un trait, l'effet se faisant ressentir une fois le liquide avalé. Si vous n'en appréciez pas le goût, le fait d'avaler gorgée par gorgée ne rendra que pire l'expérience.

Un mélange divin Certains alcools se marient bien avec d'autres alcools, qui eux-mêmes communient avec des ingrédients non alcoolisés. Un shot réussi est une vraie explosion de saveurs qui frappe le palais. Mais le mieux est lorsque l'on mélange deux ou trois composants, que l'on n'associerait jamais dans un bar respectable, et que le résultat est fabuleux ! Qui oserait servir de la vodka et de la crème dans un même verre ? Versez une dose de vodka dans un verre à shot, ajoutez une dose de Baileys (boisson irlandaise à base de whisky et de crème) puis un trait d'amaretto et vous obtenez l'incomparable B4-12 (voir p. 44). L'idée de mélanger de la tequila et de la liqueur de cacao vous met mal à l'aise ? Si l'on superpose ces deux alcools et que l'on y ajoute de la crème de framboises, on prépare l'irrésistible dash love (voir p. 64). Les shots à étages sont de loin les plus impressionnants, et vous remarquerez souvent que les alcools secs et forts comme la vodka sont adoucis par des ingrédients sirupeux. Le résultat, inattendu, enchantera

vos papilles. L'idée est de superposer les ingrédients, en versant les plus lourds en premier. Plus vous verserez un liquide lentement, moins il y aura de risques qu'il brise la surface de celui d'en dessous – et (normalement) il ne devrait pas se mêler à l'autre. Il vous faudra certes un peu de pratique avant de parvenir à un résultat satisfaisant, masi le jeu en vaut la chandelle.

Pas d'excès Si vous buvez plusieurs shots en peu de temps, assurez-vous d'être entouré d'amis. Les effets des shots ne s'insinuent pas lentement en vous comme ceux de la bière ou du vin, en vous procurant chaleur et bien-être, ils surgissent d'un seul coup et vous frappent violemment à la tête. Mais alors, il est trop tard. Pour éviter des situations gênantes ou une gueule de bois carabinée le lendemain, sachez vous modérer en faisant des pauses entre les shots. Ainsi, vous pourrez rester maître de vous-même et vous souvenir de votre soirée. Et ne vous fiez pas à l'apparente douceur et au goût agréable des shots modernes, ils sont très forts et associent souvent deux alcools ou plus. Si vous buvez de l'alcool entre deux shots, vous devrez être très vigilants car votre taux d'alcoolémie sera déjà plus important que si vous en restiez à la bière. Dans la mesure du possible, prenez des shots contenant l'alcool que vous consommez déjà. Vous buvez de la vodka tonic ? Optez pour un shot à base de vodka. Lorsque vous buvez plusieurs alcools différents, le nombre de toxines circulant dans votre sang augmente. Cela bouleverse le corps, qui cherche à se débarrasser des toxines au plus vite, et nous savons tous ce que cela signifie ! Pour limiter ce genre de problème, organisez une « soirée shots » chez vous et

demandez à chaque invité d'apporter son alcool favori. Armé de ce livre, vous pourrez alors mener la danse et démontrer vos talents de mélangeur !

La panoplie du barman À l'inverse des autres cocktails, les shots ne nécessitent pas beaucoup de matériel. Cela dit, quelques accessoires de base sont indispensables. Commencez par vous procurer un ensemble de verres. Malgré leur taille réduite, il en existe de toutes les formes et de toutes les tailles. Pour certains shots, il faudra un verre à base étroite et à bord large, alors que pour des shots à étages, il vaut mieux utiliser de longs verres fins et droits. L'idéal est donc de posséder au moins deux types de verres. Pour la plupart des shots à étages, il vous faudra une cuillère afin de verser chaque couche de façon homogène ; investissez dans une cuillère à mélanges, qui vous servira aussi pour mélanger d'autres boissons. Tout bar qui se respecte doit contenir un shaker, alors n'hésitez pas ! Maintenant, vous êtes paré pour l'aventure. À n'en pas douter, vous impressionnerez bientôt vos amis grâce à vos talents. Santé !

Les shots purs

Dans les shots suivants, il n'y a qu'un seul alcool, servi pur. Âmes sensibles s'abstenir !

Jägermeister Liqueur allemande au goût amer, à base d'un mélange de 50 herbes, d'épices et de fruit.

Goldschlager Liqueur sucrée et épicée, avec de vrais flocons d'or.

Vodka Réfrigérez la bouteille et le verre pour un shot glacé.

Tequila Bue traditionnellement avec du sel et du citron ou du citron vert, véritable vecteur d'ambiance.

Schnaps Cognac épais et blanc, à base de fruits fermentés distillés.

Drambuie Mélange de scotch, de miel de bruyère et d'ingrédients secrets. Servez glacé dans un verre ballon.

Fernet-Branca Liqueur italienne amère aux vertus médicinales du millepertuis.

Saké Vin de riz japonais cuit à 110 °C, qui peut être servi chaud, tiède ou froid.

Shots
frappés

Kamikaze

Court et puissant, ce shot agit comme un coup de fouet. Une vokda de bonne qualité est nécessaire.

1 dose de vodka
un trait de Cointreau
un trait de jus de citron frais Frappez rapidement tous les ingrédients avec des glaçons puis versez dans un verre à shot.

Lemon
drop

Le goût des trois citrons vous fera frissonner, mais le limoncello calmera aussitôt son effet.

¾ de dose de vodka au citron
¾ de dose de limoncello
un trait de jus de citron frais
un trait de sirop de citron

Frappez rapidement tous les ingrédients avec des glaçons puis versez dans un verre à shot.

Strawberry field

Délicatement fruitée, cette petite boisson libère des parfums exquis, pour un effet incomparable.

1 quartier de citron vert
un trait de sirop de fraise
1 fraise
1 dose de vodka à la mûre Écrasez le citron vert et la fraise au fond d'un shaker avec le sirop, ajoutez la vodka et quelques glaçons puis frappez rapidement. Versez dans un verre à shot.

Bubble gum

Cette boisson exotique qui allie la liqueur de banane verte et le Malibu est délicieusement colorée.

½ dose de liqueur de banane
½ dose de Malibu
un trait de liqueur de fraise
un trait de jus d'ananas Frappez rapidement tous les ingrédients avec des glaçons puis versez dans un verre à shot.

Molotov

La rencontre entre la vodka et la bière donne naissance à un cocktail aussi explosif que son célèbre homonyme.

½ dose de vodka
1½ dose de bière
1 goutte de sirop de grenadine Frappez rapidement tous les ingrédients avec des glaçons puis versez dans un verre à shot.

Clem the Cuban

Cette combinaison osée de rhum, de menthe fraîche et de schnaps à la pomme invite à danser la salsa.

un trait de schnaps à la pomme
1 feuille de menthe
2 quartiers de citron vert
1 dose de rhum cubain trois ans d'âge Écrasez la menthe et le citron au fond d'un shaker avec le schnaps, puis ajoutez le rhum et un glaçon. Frappez très rapidement puis versez une double dose dans un verre à shot.

Purple haze

Encore l'irremplaçable vodka, mélangée avec du Cointreau et de la liqueur de mûre pour un shot très chic.

1 dose de vodka
un trait de Cointreau
un trait de jus de citron frais
un trait de liqueur de mûre ou de Chambord

Frappez rapidement la vodka, le Cointreau et le jus de citron avec des glaçons puis versez dans un verre à shot. Ajoutez la liqueur de mûre lentement à la fin ; elle ira se déposer au fond du verre.

Muff daddy

Les saveurs délicates de la vodka à l'herbe de bison et du schnaps à la pêche relèvent ce shot élégant.

**1 quartier de citron vert
1 dose de vodka à l'herbe de bison
un trait de crème de pêche
un trait de schnaps à la pêche** Pressez le citron vert dans un shaker puis ajoutez le reste des ingrédients. Frappez rapidement et versez dans un verre à shot rafraîchi.

Rock
chick

Les parfums de la pêche
et du cassis sont associés
à la fraicheur du citron vert,
qui coupe le côté sucré
de ce délicieux shot.

**1 dose de vodka au cassis
un trait de schnaps à la pêche
un trait de jus de citron vert frais** Frappez
rapidement tous les ingrédients avec des glaçons puis versez
dans un verre à shot.

Alabama
slammer

Voici une boisson pour les vrais aficionados des shots. N'hésitez pas à la partager et à trinquer avec vos amis.

1 dose de Southern Comfort
1 dose de vodka
1 dose de gin à la prunelle
un trait de jus d'orange frais
4 gouttes de grenadine Frappez rapidement les 4 premiers ingrédients avec des glaçons puis versez dans 4 verres à shot rafraîchis. Ajoutez 1 goutte de grenadine dans chaque verre.

LA RECETTE EST PRÉVUE POUR 4 SHOTS.

Little last

Découvrez le gin sous un autre jour avec cette boisson exquise qui allie liqueur de mûre et citron vert.

1 quartier de citron vert
½ dose de gin
un trait de liqueur de mûre ou de Chambord
un trait de sirop de sucre Pressez le quartier de citron vert dans un shaker puis ajoutez le reste des ingrédients. Frappez rapidement avec des glaçons et versez dans un verre à shot.

Flamingo
shot

Ce cocktail doit son nom à sa subtile couleur rose apportée par la grenadine.

un trait de sirop de sucre
2 morceaux d'ananas
1 quartier de citron vert
1 dose de rhum blanc
1 goutte de grenadine

Écrasez l'ananas et le citron vert dans un shaker avec le sirop de sucre ; ajoutez la grenadine et le rhum puis frappez rapidement avec des glaçons. Versez dans un verre à shot rafraîchi.

Rude
Jude

Le rhum blanc se mélange délicatement avec la crème et le sirop de fraise dans ce shot fruité au goût de vacances.

1 dose de rhum blanc
un trait de crème de fraise
un trait de sirop de fraise
un trait de jus de citron vert frais Frappez rapidement tous les ingrédients avec des glaçons puis versez dans un verre à shot.

Strawberry eclair

Préparez-vous à une explosion de saveurs avec ce shot, dans lequel les liqueurs et les fruits frais se battent pour gagner l'attention de vos papilles.

1 fraise
1 quartier de citron vert
½ dose de liqueur de noisette
½ dose de liqueur de fraise des bois Écrasez la fraise et le quartier de citron vert dans un shaker ; ajoutez les liqueurs et quelques glaçons. Frappez rapidement puis versez dans un verre à shot.

SHOTS FRAPPÉS

Papa G

L'amaretto est ici associé à l'Angostura et au jus de citron en un mélange à la richesse incomparable.

1 dose d'amaretto
un trait de jus de citron
un trait de sirop de sucre
1 goutte d'Angostura Frappez rapidement tous les ingrédients avec des glaçons puis versez dans un verre à shot.

Vocachino shot

On associe ici la vodka avec de la liqueur de café, du café et de la crème fraîche. Servez ce shot après le dîner.

2 doses de vodka
½ dose de liqueur de café Kahlúa
½ dose de café expresso
½ dose de crème liquide
un trait de sirop de sucre
½ c. à c. de cacao en poudre Frappez rapidement tous les ingrédients avec des glaçons puis versez dans 4 verres à shot. **LA RECETTE EST PRÉVUE POUR 4 SHOTS.**

Poppy

La vodka et l'ananas sont mélangés avec un trait léger de liqueur de mûre, qui donne sa texture particulière à cette boisson à la couleur et au goût fabuleux.

¾ de dose de vodka
un trait de liqueur de mûre ou de Chambord
un trait de jus d'ananas Frappez rapidement tous les ingrédients avec des glaçons puis versez dans un verre à shot.

Spiced berry

Dans ce mélange, la chaleur du rhum épicé est décuplée par la gifle fruitée de la framboise et du citron vert.

1 dose de rhum épicé
un trait de jus de citron vert frais
un trait de crème de framboise
un trait de sirop de sucre Frappez rapidement tous les ingrédients avec des glaçons puis versez dans un verre à shot rafraîchi.

PCP

Les fruits sont à l'honneur dans cette boisson délicate sublimée par la vanille.

1½ dose de liquer de poire au cognac
un trait de liqueur de fraise
un trait de liqueur de poire
un trait de jus de citron
un trait de sirop de vanille

Frappez rapidement tous les ingrédients avec des glaçons puis versez dans 2 verres à shot rafraîchis.

LA RECETTE EST PRÉVUE POUR 2 SHOTS.

SHOTS FRAPPÉS

Kiss cool
menthol

Laissez-vous envoûter par cette alliance subtile de menthe et d'anis. Son baiser langoureux vous fera chavirer.

¾ de dose de liqueur de menthe
¾ de dose de spiriteux anisé Frappez rapidement les ingrédients avec des glaçons puis versez dans un verre à shot rafraîchi.

shots à étages

B52

Voici le plus classique des shots à étages. Aussi beau que bon, il dégage une saveur chaude et sucrée.

½ dose de liqueur de café Kahlúa
½ dose de Baileys
½ dose de Grand Marnier Superposez tous les ingrédients dans un verre à shot, dans l'ordre indiqué ci-dessus.

B4-12

Trois goûts enivrants, qui libèrent toute leur richesse au contact avec le palais.

½ **dose d'amaretto**
½ **dose de Baileys**
½ **dose de vodka à la vanille** Superposez tous les ingrédients dans un verre à shot, dans l'ordre indiqué ci-dessus.

Cowboy

Vous vous lécherez les babines pour ne pas perdre une goutte de cette alliance séduisante de schnaps au caramel et de Baileys.

1 dose de schnaps au caramel glacé
½ dose de Baileys Versez le schnaps dans un verre à shot rafraîchi puis déposez le Baileys par-dessus.

Deaf
knees

Un étage de chocolat, un de menthe, un d'orange : voici le secret de ce shot puissant au goût renversant.

½ dose de liqueur de menthe
½ dose de schnaps au chocolat
½ dose de Grand Marnier

À l'aide d'une cuillère à mélanges, superposez délicatement les ingrédients dans un verre à shot, dans l'ordre indiqué ci-dessus, puis buvez cul sec !

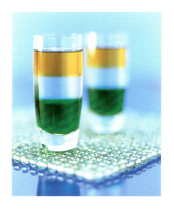

SHOTS À ÉTAGES

Bob Marley

Ce shot époustouflant alliant la force de la menthe poivrée et la chaleur du rhum vous fera planer.

¾ de dose de schnaps à la menthe poivrée
¾ de dose de rhum ambré

Superposez les ingrédients dans un verre à shot, dans l'ordre indiqué ci-dessus.

Flat liner

Rien de tel que cet insolent shot à la tequila, à la sambuca et au tabasco pour vous faire dresser les cheveux tout droit sur la tête.

¾ de dose de tequila ambrée
4 gouttes de tabasco
¾ de dose de sambuca ou d'anisette blanche

Commencez par verser la tequila dans un verre à shot puis ajoutez le tabasco très délicatement en le faisant glisser sur le dos d'une cuillère à mélanges, de façon qu'il reste à la surface. Déposez la sambuca par-dessus.

SHOTS À ÉTAGES

QF

Nous vous épargnerons le nom complet – plutôt olé olé – de ce shot ! La liqueur Kahlúa et le Baileys sont complétés délicieusement par la liqueur de melon.

1 trait de liqueur de melon
½ dose de liqueur de café Kahlúa
½ dose de Baileys Superposez tous les ingrédients dans un verre à shot, dans l'ordre indiqué ci-dessus.

Black Jack

L'association inattendue du whisky et de la sambuca brune fonctionne on ne peut mieux. Dégustez ce shot après une bière glacée.

¾ de dose de whisky
¾ de dose de sambuca ou d'anisette Superposez les ingrédients dans un verre à shot, dans l'ordre indiqué ci-dessus.

Brain
haemorrhage

Un shot aussi agréable
à préparer qu'à boire.
Regardez la grenadine
se glisser sensuellement
à travers le Baileys...

1 dose de schnaps à la pêche
1 trait de Baileys
3 gouttes de grenadine Déposez le Baileys par-dessus
le schnaps dans un verre à shot rafraîchi. Laissez tomber très
délicatement la grenadine sur le Baileys – elle se dispersera
lentement à travers cet étage supérieur.

Boomerang

Deux boissons classiques – le bourbon et le Jägermeister – réunies dans un même verre. Ne les mélangez pas, mariez-les.

½ **dose de Jägermeister**
½ **dose de bourbon** Déposez le bourbon par-dessus le Jägermeister dans un petit verre à shot.

Angel's kiss

Une combinaison divine de crème de cacao, de cognac et de crème fouettée. Elle vous emmènera directement au paradis.

½ **dose de crème de cacao**
½ **dose de cognac**
½ **dose de crème fouettée** Superposez les ingrédients dans un verre à shot, dans l'ordre indiqué ci-dessus.

Green
mood

Le charme de la liqueur de menthe vous ensorcellera avant de vous couper le souffle.

¾ de dose de liqueur de menthe
¾ de dose de tequila
un trait de Baileys

Superposez les ingrédients dans un verre à shot, dans l'ordre indiqué ci-dessus.

ABC

Les étages d'Amaretto, de Baileys et de liqueur de mûre confèrent à ce shot une élégance inégalable.

½ **dose d'amaretto**
½ **dose de Baileys**
½ **dose de Chambord ou de liqueur de mûre**
Superposez tous les ingrédients dans un verre à shot, dans l'ordre indiqué ci-dessus.

Moth & moose

Dans ce duo exquis, la vodka à l'orange vient recouvrir la liqueur de fruit de la Passion. Un délice sucré et ensorceleur.

½ dose de vodka à l'orange
½ dose de liqueur de fruit de la Passion

Superposez les ingrédients dans un petit verre à shot, dans l'ordre indiqué ci-dessus.

Pillow talk

Existe-t-il quelque chose de plus alléchant que les fraises et le chocolat ? Essayez ce shot et vous aurez la réponse.

½ **dose de vodka à la fraise glacée**
½ **dose de liqueur de chocolat blanc**
1 trait de chantilly

Superposez tous les ingrédients dans un verre à shot, dans l'ordre indiqué ci-dessus.

Money shot

Le contraste puissant entre la menthe forte et les herbes ne laisse personne indifférent, mêmes les plus aguerris.

1 dose de Jägermeister glacé
1 dose de liqueur de menthe forte, glacée

Superposez les ingrédients dans un verre à shot, dans l'ordre indiqué ci-dessus.

Slippery nipple

Voici un autre shot classique, célèbre dans tous les bars. Il se boit très facilement mais est vite suivi d'un deuxième effet, qui incite à en reprendre.

1 dose de sambuca ou d'anisette
½ dose de Baileys Déposez le Baileys par-dessus la sambuca dans un verre à shot.

SHOTS À ÉTAGES 63

Dash
love

Les framboises écrasées viennent se déposer entre l'étage de liqueur de cacao et celui de tequila, pour le plus grand plaisir des yeux.

1 dose de crème de cacao légère
¾ de dose de tequila glacée
1 c. à c. de framboises écrasées Versez la liqueur de cacao dans un verre à shot, puis ajoutez la tequila par-dessus en la faisant glisser sur le dos d'une cuillère à mélange. Déposez les framboises écrasées à la surface, elles iront se placer d'elles-mêmes au milieu du verre.

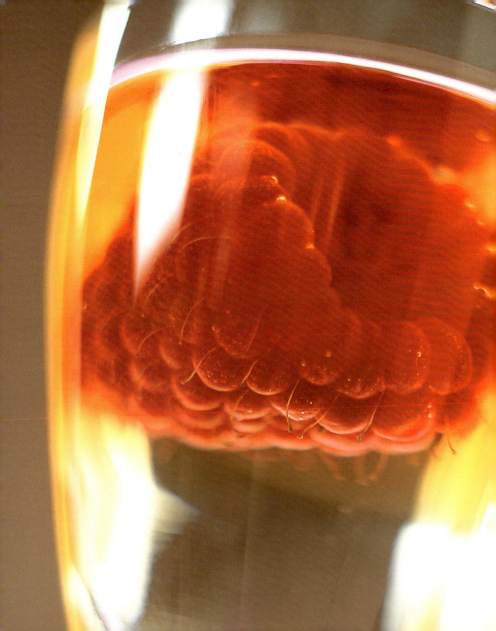

Shots améliorés

Tequila paf

Traditionnellement, la tequila se boit dans un verre à shot haut, à la base étroite et au bord plus large, appelé caballito (petit cheval).

1 pincée de sel fin
1 dose de tequila ambrée
1 quartier de citron Déposez le sel sur le dos de votre main, léchez-le, buvez le shot puis mordez dans le quartier de citron.

383

L'orange enrobée de sucre apporte à ce shot une petite touche particulière. Mangez-la après avoir vidé votre verre, pour en apaiser l'effet.

½ dose de liqueur de noisette
1 dose de vodka à la framboise glacée
1 quartier d'orange, enrobé de cassonade
Versez la liqueur de noisette puis la vodka dans un verre à shot passé au réfrigérateur. Mangez le quartier d'orange enrobé de sucre après avoir avalé le shot.

Raspberry beret

Le public applaudira en voyant la framboise flotter délicatement entre les étages d'alcools.

½ **dose de crème de cacao légère**
1 **dose de tequila ambrée glacée**
1 **belle framboise** Versez la crème dans un verre à shot, puis la tequila. Déposez doucement la framboise dans le verre, elle ira se placer entre les deux alcools.

Bloody simple

La vodka et le tabasco donnent à ce shot un arrière-goût redoutable, rehaussé par la tomate épicée.

1 dose de vodka pimentée
2 ou 3 gouttes de tabasco
poivre noir moulu et sel de céleri
1 rondelle de tomate Versez la vodka dans un verre à shot puis ajoutez le tabasco. Dans un récipient à part, mélangez intimement le poivre et le sel de céleri. Enrobez légèrement la rondelle de tomate de ce mélange. Mangez la tomate après avoir bu le shot.

SHOTS AMÉLIORÉS

Passion
spawn

Ce shot frappe les papilles de plein fouet, même si la tequila, la liqueur d'orange et le jus de citron se cachent derrière le fruit de la Passion.

1 dose de tequila argentée
1 trait de liqueur d'orange
1 trait de jus de citron frais
1 fruit de la Passion Frappez les 3 premiers ingrédients avec des glaçons puis versez dans un verre à shot rafraîchi. Coupez le fruit de la Passion en deux et pressez-le au-dessus du shot avant de servir.

Chocolate berry

Une minuscule brochette de myrtilles vient compléter ce mélange improbable de vodka, de crème de cassis et de liqueur de chocolat noir.

1 dose de liqueur de chocolat noir
1 dose de crème de cassis
1 dose de vodka à la framboise
3 myrtilles Superposez les 3 premiers ingrédients dans un verre à shot rafraîchi, dans l'ordre indiqué ci-dessus. Enfilez les 3 myrtilles sur une pique à cocktail et mangez la brochette après avoir bu le shot.

Jo-Nut

La vodka, la liqueur de mûre et le Baileys sont ici réunis et servis dans un verre enrobé de sucre et décoré d'une fraise.

½ **dose de vodka**
½ **dose de liqueur de mûre ou de Chambord**
½ **dose de Baileys**
sucre en poudre
1 fraise Frappez rapidement les 3 premiers ingrédients avec des glaçons. Humidifiez le bord d'un verre à shot puis trempez-le dans le sucre. Versez le cocktail dans le verre et servez après avoir placé une fraise sur le bord du verre.

Gibson
shot

Déconseillé si vous souhaitez impressionner votre future conquête. À moins que vous n'en commandiez deux...

1 trait de vermouth blanc sec
1 dose de gin glacé
2 oignons grelots « Rincez » l'intérieur d'un verre à shot rafraîchi avec le vermouth. Videz l'excédent puis versez le gin glacé dans le verre. Décorez avec les 2 oignons grelots, que vous mangerez après avoir bu le shot.

SHOTS AMÉLIORÉS

Mint
zing ting

Une boisson dédiée au vert, avec ses parfums de pomme, de citron vert et de menthe, sans oublier le concombre.

1 quartier de citron vert
2 feuilles de menthe
1 trait de sirop de sucre
1 dose de vodka à la pomme
1 bâtonnet de concombre Écrasez le citron vert et la menthe avec le sirop de sucre au fond d'un shaker, puis ajoutez la vodka et quelques glaçons. Frappez puis versez dans un verre à shot rafraîchi et décorez avec le bâtonnet de concombre.

SHOTS AMÉLIORÉS

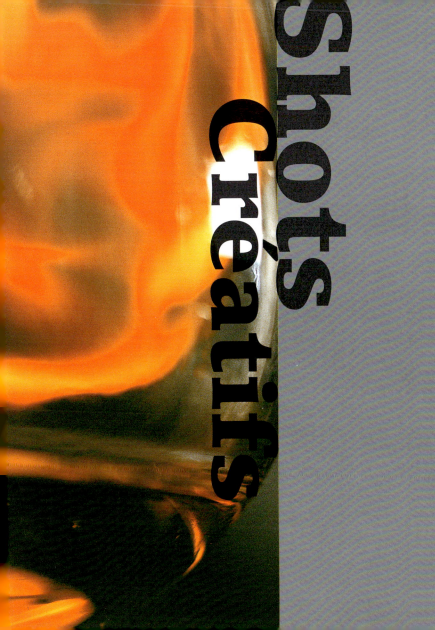

Oyster royale

Avec ce shot extravagant, vous « buvez » une huître surmontée de champagne. Laissez donc les bulles vous monter à la tête !

1 petite huître charnue
1 trait de crème de cassis
1 dose de champagne glacé Commencez par déposer l'huître au fond d'un grand verre à shot, puis ajoutez la crème de cassis et, enfin, le champagne. Buvez sans attendre, tant que le champagne est encore effervescent.

Oyster
shot

Huître, tabasco et jus de tomate pour un délice à mi-chemin entre canapé et shot.

1 petite huître charnue
¾ de dose de vodka pimentée glacée
¾ de dose de jus de tomates glacé
3 gouttes de tabasco
1 trait de sauce Worcestershire
1 quartier de citron, pressé
poivre noir moulu
sel de céleri Dans un grand verre à shot, versez tous les ingrédients dans l'ordre indiqué ci-dessus puis videz lentement le contenu du verre dans votre gorge.

Sangrita

Deux shots pour le prix d'un : tequila puis shot à la tomate.

1½ dose de tequila
1 dose de jus de tomate
1 trait de sauce Worcestershire
2 gouttes de tabasco
poivre noir moulu
sel de céleri
1 quartier de citron Frappez rapidement tous les ingrédients avec des glaçons, sauf la tequila. Versez dans un grand verre à shot. Servez la tequila dans un verre identique.

SHOTS CRÉATIFS

Jellies
& cream

Ces sublimes shots à la gelée raviveront des souvenirs de vacances en Angleterre.

1 sachet de gelée de framboises
12 doses de vodka glacée
2 doses de sirop de sucre
4 doses de liqueur de mûre ou de Chambord
crème fraîche Dissolvez la gelée dans 15 cl d'eau bouillante. Ajoutez la vodka, le sirop de sucre et la liqueur de mûre pour obtenir 60 cl de liquide. Versez dans des verres à shot, en laissant de la place pour la crème. Réfrigérez pendant 12 h. Nappez de crème fraîche et servez. **CETTE RECETTE EST PRÉVUE POUR 10 SHOTS.**

Body shot

Un moyen infaillible pour lier connaissance... Pour ce shot, il vous faudra une partenaire, qui risque de vous devenir très proche !

½ c. à c. de sucre en poudre
1 dose de vodka
1 quartier de citron Embrassez le cou de votre partenaire pour l'humidifier et déposez le sucre sur la partie mouillée. Placez ensuite la rondelle de citron dans sa bouche. Léchez le sucre sur le cou de l'être désiré, buvez le shot et sucez le citron entre ses lèvres.

Flaming
Lamborghini

Ce shot requiert de sérieuses compétences, tant chez le barman que chez le buveur.

1 dose de liqueur de café Kahlúa
1 dose de sambuca ou d'anisette blanche
1 dose de curaçao bleu
1 dose de Baileys Versez délicatement la sambuca au-dessus de la liqueur de café dans un verre à martini. Versez le curaçao et le Baileys dans 2 verres à shot différents. Faites flamber la sambuca, puis demandez au buveur de vider le verre à martini à l'aide d'une paille. Lorsque le verre est presque vide, ajoutez le curaçao et le Baileys pour éteindre la flamme puis incitez le buveur à boire le contenu du verre. Dangereux, mais délicieusement agréable !

Dram
slam

Il n'y a qu'un seul ingrédient ici ; c'est la manière de boire ce shot qui le rend si original. Vous n'en reviendrez pas.

1 dose de Drambuie Versez le Drambuie dans un verre à cognac. Tournez le verre de façon que le Drambuie se répartisse sur toute la paroi puis faites flamber l'alcool. Placez immédiatement la main sur le bord du verre afin d'éteindre la flamme et de créer un vide. Secouez rapidement le verre, retirez la main et buvez le liquide, puis couvrez de nouveau le bord du verre. Retenez votre souffle, puis inhalez la vapeur de Drambuie qui reste dans le verre, et détendez-vous...

Index

ABC 59

Alabama slammer 24

Amaretto :

  ABC 59

  B4-12 44

  Papa G 30

Ananas :

  Flamingo shot 27

  Poppy 34

Angel's kiss 56

B4-12 44

B52 43

Baileys :

  ABC 59

  B4-12 44

  B52 43

  Brain haemorrhage 53

  Cowboy 46

  Flaming Lamborghini 91

  Green mood 58

  Jo-Nut 78

  QF 50

  Slippery Nipple 63

Bière :

  Molotov 17

Black Jack 52

Bloody simple 73

Bob Marley 48

Body shot 90

Boomerang 54

Bourbon :

  Boomerang 54

Brain haemorrhage 53

Bubble gum 16

Champagne :

  Oyster royale 84

Citron :

  Lemon drop 13

  Tequila paf 68

Clem the Cuban 18

Cognac :

  Angel's kiss 56

Cointreau :

  Kamikaze 12

  Purple haze 20

Cowboy 46

Crème de cassis :

Chocolate berry 76

  Oyster royale 84

Crème fraîche :

  Angel's kiss 56

  Jellies & cream 88

Pillow talk 61

  Vocachino shot 33

Curaçao :

Flaming Lamborghini 91

Dash love 64

Deaf knees 47

Drambuie 9

  Dram slam 92

Fernet branca 9

Flaming Lamborghini 91

Flamingo shot 27

Flat liner 49

Gibson Shot 79

Gin :

  Gibson shot 79

  Little last 26

Gin à la prunelle :

  Alabama slammer 24

Goldschlager 9

Grand Marnier :

  B52 43

  Deaf knees 47

Green mood 58

Grenadine :

  Brain haemorrhage 53

Jägermeister 9

  Boomerang 54

  Money shot 62

Jellies & cream 88

Jo-Nut 78

Jus de tomate :

  Bloody simple 73

  Oyster shot 86

  Sangrita 87

Kamikaze 12

Kiss cool menthol 38

Lemon drop 13

Liqueur de banane :

  Bubble gum 16

Liqueur de cacao :

  Angel's kiss 56

  Dash love 64

  Raspberry Beret 72

Liqueur de café Kahlúa :

  B52 43

  Flaming Lamborghini 91

QF 50
Vocachino shot 33
Liqueur de chocolat :
Chocolate berry 76
Pillow talk 61
Liqueur de fraise :
PCP 37
Strawberry eclair 29
Liqueur de fruits
de la Passion :
Moth & moose 60
Liqueur de melon :
QF 50
Liqueur de menthe :
Deaf knees 47
Green mood 58
Kiss cool menthol 38
Liqueur de menthe
forte :
Money shot 62
Liqueur de mûre :
ABC 59
Jellies & cream 88
Jo-Nut 78
Little last 26
Poppy 34
Purple haze 20
Liqueur de noisette :
383 70
Strawberry eclair 29
Liqueur de poire :
PCP 37
Liqueur d'oranges :
Passion spawn 74
Little last 26

Malibu :
Bubble gum 16
Mint zing ting 81
Molotov 17
Money shot 62
Moth & moose 60
Muff daddy 22

Oyster royale 84
Oyster shot 86

Papa G 30
Passion spawn 74
PCP 37
Pillow talk 61
Poppy 34
Purple haze 20

QF 50

Raspberry beret 72
Rhum :
Bob Marley 48
Clem the Cuban 18
Flamingo shot 27
Rude Jude 28
Spiced berry 36
Rock chick 23
Rude Jude 28

Saké 9
Sambuca :
Black Jack 52
Flaming Lamborghini
91

Flat liner 49
Slippery nipple 63
Sangrita 87
Schnaps 9
Bob Marley 48
Brain haemorrhage
53
Clem the Cuban 18
Cowboy 46
Deaf knees 47
Muff daddy 22
Rock chick 23
Shakers 9
Shots à étages 7–8,
41–65
Shots améliorés 67–81
Shots créatifs 83–93
Shots frappés 11–39
Slippery nipple 63
Southern Comfort :
Alabama slammer 24
Spiced berry 36
Spiritueux anisé :
Kiss cool menthol 38
Strawberry field 15

Tequila 6, 9
Dash love 64
Flat liner 49
Green mood 58
Passion spawn 74
Raspberry beret 72
Sangrita 87
Tequila paf 68

Vermouth :
Gibson shot 79
Verres 9
Vodka 9
383 70
Alabama slammer 24
B4-12 44
Bloody simple 73
Body shot 90
Chocolate berry 76
Jellies & cream 88
Jo-Nut 78
Kamikaze 12
Lemon Drop 13
Mint zing ting 81
Molotov 17
Moth & moose 60
Muff daddy 22
Oyster shot 86
Pillow talk 61
Poppy 34
Purple haze 20
Rock chick 23
Strawberry field 15
Vocachino shot 33

Whisky :
Black Jack 52

Crédits

Photographies © OCTOPUS PUBLISHING GROUP / STEPHEN CONROY
Stylisme des boissons ALLAN GAGE

Direction éditoriale SARAH FORD
Édition JESSICA COWIE

Direction artistique GEOFF FENNELL
Suivi de fabrication MANJIT SIHRA